Cette édition a été faite dans
des [mauvaises] [circonstances]
outre les [choses] qui manquent
il y a [altérations] dans le
texte. par exemple page 9
on a mis *besoin naturel*
au lieu de *besoin mutuel*

LA RELIGION NATURELLE,

POEME

En quatre Parties.

AU ROI DE PRUSSE,

Par M. V***,

A GENEVE.

M. DCC. LVI.

Col
lun
il
te

LA RELIGION
NATURELLE,
POEME AU ROY DE PRUSSE.

O Vous ! dont les Exploits, le Regne & les Ouvrages
Sont l'exemple des Rois, & la leçon des Sages,
Qui voyez d'un même œil les caprices du fort,
Le Trône & la Cabane, & la vie & la mort ;
Philofophe intrépide, affermiffez mon ame,
Couvrez-moi des rayons de cette pure flâme
Qu'allume la raifon, qu'éteint le préjugé ;
Dans cette nuit d'erreur où le monde eft plongé,
Apportons, s'il fe peut, une faible lumiere.
Nos premiers entretiens, notre étude premiere,
Étoient, je m'en fouviens, Horace avec Boileau ;
Vous y cherchiez le vrai, vous y goûtiez le beau ;
Quelques traits échappés d'une utile morale,
Dans leurs piquans Ecrits brillent par intervale ;
Mais Pope approfondit ce qu'ils ont effleuré ;
D'un efprit plus hardi, d'un pas plus affuré,
Il porta le flambeau dans l'abîme de l'être,
Et l'homme avec lui feul apprit à fe connaître.

L'art, quelquefois frivole, & quelquefois divin;
L'art des vers est dans Pope utile au genre humain.
Que m'importe en effet que le flatteur d'Octave,
Parasite discret, non moins qu'adroit esclave,
Du lit de sa Glicere, ou de Ligurinus,
En Prose mesurée insulte à Latius ;
Que Boileau répandant plus de sel que de grace,
Veuille outrager Quinaut, pense avilir le Tasse ?
Qu'il peigne dans Paris les tristes embarras,
Ou décrive en beaux vers un fort mauvais repas,
Il faut d'autres objets à votre intelligence,
De l'esprit qui vous meut vous recherchez l'essence,
Son principe, sa fin, & sur-tout son devoir.
Voyons sur ce grand point ce qu'on a pû sçavoir,
Ce que l'erreur fait croire aux Docteurs du vulgaire,
Et ce que vous inspire un Dieu qui vous éclaire.

PREMIERE PARTIE.

Dieu a donné à tous les hommes les idées de la justice, & la conscience pour les en avertir, comme il leur a donné tout ce qui leur est nécessaire.

JE n'irai pas d'abord, Philosophe orgueilleux,
Sur l'aîle de Platon me perdre dans les cieux;
Ecartons ces Romans qu'on appelle systêmes,
Et pour nous élever descendons en nous mêmes.
Soit qu'un Etre inconnu, par lui seul existant,
Ait tiré depuis peu l'Univers du néant,
Soit qu'il ait arrangé la matiere éternelle,
Qu'elle nage en son sein, ou qu'il regne loin
    d'elle;
Que l'ame, ce flambeau si souvent ténébreux,
Ou soit un de nos sens, ou subsiste sans eux,
Nous sommes sous la main de cet Etre invisible:
Mais du haut de son Trône obscur, inaccessible,
Quel hommage & quel culte exige-t il de nous?
De sa grandeur suprême indignement jaloux,
De louanges, de vœux, flatte-t-il sa puissance?
Est-ce le peuple altier, conquérant de Bizance,
Le tranquille Chinois, le Tartare indompté,

Qui connaît son essence & suit sa volonté ?
Différens dans leurs mœurs, ainsi qu'en leurs hommages,
Ils lui font tenir tous un différent langage.
Tous se sont donc trompés ? Mais détournons les yeux
De cet impur amas d'imposteurs odieux ;
Mais sans vouloir sonder d'un regard téméraire,
De la loi des Chrétiens l'ineffable mystere,
Sans expliquer en vain ce qui fut révélé,
Cherchons par la raison si Dieu n'a pas parlé :
La Nature a fourni d'une main salutaire
Tout ce qui dans la vie à l'homme est nécessaire,
Les ressorts de son ame, & l'instinct de ses sens ;
Le ciel à ses besoins soumets les élémens :
Dans les plis du cerveau, la mémoire agissante,
Y peint de la Nature une image vivante ;
Chaque objet de ses sens prévient la volonté ;
Le son dans son oreille est par l'air apporté :
Sans effort & sans soin son œil voit la lumiere ;
Sur son Dieu, sur sa fin, sur sa cause premiere.
L'homme est-il sans secours à l'erreur attaché ?
Quoi ! le monde est visible, & Dieu seroit caché ?
Quoi ! le plus grand besoin que j'aye en ma misere
Est le seul qu'en effet je ne puis satisfaire ?

Non, ce Dieu qui m'a fait, ne m'a pas fait en vain,
Sur le front des mortels il mit son sceau divin
Je ne puis ignorer ce qu'ordonna mon Maître ;
Il m'a donné sa loi puisqu'il m'a donné l'être ;
Sans doute il a parlé, mais c'est à l'Univers ;
Il n'a pas de l'Egypte habité les déserts :
Delphes, Delos, Ammon, ne sont pas ses azyles,
Il ne se cacha pas aux Autels des Sybilles ;
La Morale uniforme en tout tems, en tout lieu,
A des siécles sans fin parle au nom de ce Dieu :
C'est la loi des Trajan, des Socrate, & la vôtre,
De ce culte éternel la Nature est l'Apôtre ;
Le bon sens la reçoit, & les remords vengeurs,
Nés de la conscience, en sont les défenseurs ;
Leur redoutable voix par-tout se fait entendre.
Pensez-vous en effet que ce jeune Alexandre,
Aussi vaillant que vous, mais bien moins modéré,
Teint du sang d'un ami trop inconsidéré,
Ait pour se repentir consulté des Augures :
Ils auroient dans leurs eaux lavé ses mains impures ;
Ils auroient à prix d'or bientôt absous un Roi ;
Sans eux, de la Nature il écouta la loi ;
Honteux, désespéré d'un moment de furie,
Il se jugea lui-même indigne de la vie.

Cette loi souveraine, à la Chine, au Japon,
Inspira Zoroastre, illumina Platon;
D'un bout du monde à l'autre elle parle, elle crie,
Adore un Dieu, sois juste, & chéris la Patrie.
Ainsi le froid Lapon crut un Etre éternel,
Il eut de la justice un instinct naturel;
Et le Négre vendu sur un lointain rivage,
Dans les Négres encor aima sa noire image.
Est-ce nous qui créons ses profonds sentimens?
Avons-nous fait notre ame? avons-nous fait nos
   sens?
L'or qui naît au Pérou, l'or qui naît à la Chine,
Ont la même nature & la même origine;
L'Artisan les façonne & ne peut les former;
Ainsi l'Etre éternel qui nous daigne animer,
Jette dans tous les cœurs une même semence,
Le Ciel fit la vertu, l'homme en fit l'apparence;
Il peut la revêtir d'imposture & d'erreur,
Il ne peut la changer, son Juge est dans son cœur.

SECONDE PARTIE.

Réponses aux objections contre les principes d'une Morale universelle. Preuve de cette vérité.

J'Entends avec Hobbès Spinosa qui murmure.
Ces remords, me dit-il, ces cris de la Nature,
Ne font que l'habitude, & les illusions
Qu'un besoin naturel inspire aux Nations.
Raisonneur malheureux, ennemi de toi-même,
D'où nous vient ce besoin ? pourquoi l'Etre suprême
Mit-il dans votre cœur à l'interêt porté
Un instinct qui nous lie à la société ?
Les loix que nous faisons, fragiles, inconstantes,
Ouvrage d'un moment; font par-tout différentes;
Jacob chez les Hébreux put épouser deux sœurs,
David, sans offenser la décence & les mœurs,
Flatte de cent Beautés la tendresse importune,
Le Pape au Vatican n'en peut posséder une;
Là, le pere à son gré, choisit son successeur;
Ici, l'heureux aîné de tout est possesseur,
Aux Loix de vos voisins votre Code est contraire,
Qu'on soit juste, il suffit, le reste est arbitraire :

Mais tandis qu'on admire & ce juste & ce beau,
Londre immole son Roi par la main d'un bour-
   reau;
Du Pape Borgia le bâtard sanguinaire,
Dans les bras de sa sœur assassine son frere :
Là, le froid Hollandois devient impétueux,
Il déchire en morceaux deux freres vertueux;
Plus loin la Brainvilliers, dévote avec tendresse,
Empoisonne son pere en courant à confesse ;
Sous le fer du méchant le juste est abattu,
Hé bien, concluez-vous qu'il n'est point de vertu.
Quand du vent du Midi les funestes haleines,
De semences de morts, ont inondé nos plaines,
Direz-vous que le Ciel jamais en son courroux
Ne laissa la santé séjourner parmi nous ?
Tous les divers fléaux dont le poids nous accable,
Du choc des élémens, effet inévitable,
Des biens que nous goûtons corrompent la dou-
   ceur ;
Mais tout est passager, le crime & le malheur ;
De nos désirs fougueux la tempête fatale,
Laisse au fond de nos cœurs la régle & la morale,
C'est une source pure, en vain dans ses caveaux
Les vents contagieux en ont troublé les eaux ;
En vain sur la surface une fange étrangere
Apporte en bouillonnant un limon qui l'altere ;

L'homme le plus injuste & le moins policé,
S'y contemple aisément quand l'orage est passé;
Tous ont reçu du Ciel avec l'intelligence,
Ce frein de la justice & de la conscience ;
De la raison naissante elle est le premier fruit,
Dès qu'on la peut entendre, aussi-tôt elle instruit :
Contrepoids toujours prompt à rendre l'équilibre
Au cœur plein de désirs, asservi, mais né libre,
Arme que la Nature a mis en notre main,
Qui combat l'interêt par l'amour du prochain,
Pilote qui s'oppose aux vents toujours contraires
De tant de passions qui nous sont nécessaires :
On insiste, on médit ; l'enfant dans son berceau
N'est point illuminé par ce divin flambeau,
C'est l'éducation qui forme ses pensées,
Par l'exemple d'autrui, ses mœurs lui sont tracées;
Il n'a rien dans l'esprit, il n'a rien dans le cœur;
De ce qui l'environne il n'est qu'imitateur ;
Il respecte les noms de devoir, de justice ;
Il agit en machine, & c'est par sa nourrice
Qu'il est Juif ou Payen, Fidéle ou Musulman,
Vêtu d'un juste-au-corps, ou bien d'un doliman,
Oui, de l'exemple en nous je sçai quel est l'em-
    pire,
Qu'il est des sentimens que la Nature inspire :
Le langage a sa mode & ses opinions,

Tous les dehors de l'ame & ses préventions,
Du cachet des mortels impressions légeres,
Dans nos faibles esprits sont gravés par nos peres;
Mais les premiers ressorts sont faits d'une autre main,
Leur pouvoir est constant, leur principe divin;
Il faut que l'enfant croisse, afin qu'il les exerce;
Il ne les connoît pas sous la main qui le berce;
Le moineau, dans l'instant qu'il a reçu le jour,
Sans plumes dans son nid peut-il sentir l'amour?
Le renard en naissant va-t-il chercher sa proie?
Les insectes changeans qui nous filent la soie,
Les esseins bourdonnans de ces filles du ciel,
Qui pétrissent la cire en composant le miel,
Si-tôt qu'ils sont éclos, forment-ils leur ouvrage?
Tout meurit par le tems, & s'accroît par l'usage,
Chaque être à son objet, & dans l'instant marqué
Il marche vers le but par le Ciel indiqué.
L'homme (on nous l'a tant dit) est une énigme obscure;
Il l'est peut-être moins que toute la Nature:
Sur ce vaste Univers un grand voile est jetté;
Mais dans les profondeurs de cette obscurité,
Si la raison nous luit, qu'avons-nous à nous plaindre?

Nous

Nous n'avons qu'un flambeau, gardons-nous de l'éteindre.

Quand de l'immenfité Dieu peupla les déferts,
Alluma le foleil, & foûleva des mers,
Demeurez, leur dit-il, dans vos bornes prefcrites;
Tous les mondes naiffans connurent leurs limites :
Il impofa des loix à Saturne, à Venus,
Aux feize Orbes divers dans les Cieux contenus,
Aux Elémens unis dans leur utile guerre,
A la courfe des vents, aux fléches du tonnerre,
A l'animal qui penfe, & né pour l'adorer,
Au ver qui nous attend, né pour nous dévorer.
Avons-nous bien l'audace en nos faibles cervelles,
D'ajouter nos décrets à fes loix immortelles?
Hélas! feroit-ce à nous, fantômes d'un moment,
Dont l'Etre imperceptible eft voifin du néant,
De nous mettre à côté du Maître du tonnerre,
Et de donner en Dieux des ordres à la terre?

TROISIÉME PARTIE.

Les hommes ayant pour la plûpart défiguré, par les opinions qui les divisent, le principe de la Religion Naturelle qui les unit, doivent se supporter les uns & les autres.

L'Univers est le Temple où siége l'Eternel,
Là chaque homme à son gré veut bâtir un autel ;
Chacun vante sa Foi, ses Saints & ses Miracles,
Le sang de ses Martyrs, la voix de ses Oracles ;
L'un pense en se lavant cinq ou six fois par jour,
Que le Ciel voit ses bains d'un regard plein d'a-
 mour ;
Et qu'avec un prépuce on ne sçauroit lui plaire ;
L'autre a du Dieu Brama désarmé la colere,
Et pour s'être abstenu de manger du lapin,
Voit le Ciel entr'ouvert & des plaisirs sans fin.
Tous traitent leurs voisins d'impurs & d'infi-
 delles :
Des Chrétiens divisés, les infâmes querelles,
Ont, au nom du Seigneur, apporté plus de
 maux,
Répandu plus de sang, creusé plus de tombeaux,
Que le prétexte vain d'une utile Balance,

N'a défolé jamais l'Allemagne & la France.
Un doux Inquifiteur, un crucifix en main,
Au feu, par charité, fait jetter fon prochain ;
Et pleurant avec lui d'une fin fi tragique,
Prend, pour s'en confoler, fon argent qu'il s'ap-
    plique,
Tandis que de la grace ardent à fe toucher,
Le peuple, louant Dieu, chante autour du bûcher.
On vit plus d'une fois dans une fainte ivreffe,
Plus d'un bon Catholique, au fortir de la Meffe,
Courant fur fon voifin pour l'honneur de la Foi,
Lui crier : Meurs impie, ou penfe comme moi.
Calvin & fes Suppôts, guettés par la Juftice,
Dans Paris, en peinture, allerent au fupplice :
Servet fut en perfonne immolé par Calvin.
Si Servet dans Geneve eût été Souverain,
Il eût pour argument, contre fes adverfaires,
Fait ferrer d'un lacet le cou des Trinitaires.
Ainfi d'Arminius les ennemis nouveaux,
En Flandre étaient martyrs, en Hollande bour-
    reaux.
D'où vient que deux cens ans cette pieufe rage,
De nos ayeux groffiers fut l'horrible partage ?
C'eft que de la Nature on étouffa la voix ;
C'eft qu'à fa voix facrée on ajoûta des loix ;
C'eft que l'homme amoureux de fon fot efcla-
    vage,

Fit dans ses préjugés, Dieu même à son image
Nous l'avons fait injuste, emporté, vain, jaloux,
Séducteur, inconstant, barbare comme nous.
Enfin, grace en nos jours à la Philosophie,
Qui de l'Europe au moins éclaire une partie,
Les mortels plus instruits, en sont moins inhumains,
Le fer est émoussé, les buchers sont éteints.
Mais si le Fanatisme étoit encore le maître,
Que ses feux étouffés seroient prêts à renaître !
On s'est fait, il est vrai, le généreux effort
D'envoyer moins souvent ses freres à la mort,
On brûle moins d'humains dans le sein de Lisbonne ;
Et même le Muphti, qui rarerement raisonne,
Ne dit plus aux Chrétiens que le Sultan soumet,
Renonce au vin, barbare, & crois à Mahomet :
Mais du beau nom de chien ce Muphti nous honore,
Dans le fond des Enfers il nous envoie encore.
Nous le lui rendons bien, nous damnons à la fois,
Ce Peuple circoncis, vainqueur de tant de Rois ;
Londres, Berlin, Stockolm, & Geneve, & vous-même,
Vous êtes, ô mon Roi ! compris dans l'anathême ;

Envain par des bienfaits signalant vos beaux jours,
A l'humaine raison vous donnez des secours,
Aux beaux Arts des palais, aux Pauvres des aziles,
Vous peuplez les déserts & les rendez fertiles,
B.... & T........ jurent sur leur salut,
Que vous êtes sur terre un fils de Belzebut;
Ils ont des partisans, & l'on honore en France,
De ces ânes fourrés l'imbécile ignorance.
Çà dis-moi, tête chauve, ou toi qui dans un froc,
Des argumens en forme a soûtenu le choc,
Pense-tu que Socrate, & le juste Aristide,
Solon, qui fut des Grecs & l'exemple & le guide,
Pense-tu que Trajan, Marc-Aurele & Titus,
Noms chéris, noms sacrés que tu n'as jamais lûs,
De l'Univers charmé bienfaiteurs adorables,
Sont au fond des Enfers, empâlés par des diables?
Et que tu seras, toi, de rayons couronné,
D'un chœur de Chérubins sans cesse environné,
Pour avoir quelque-tems chargé d'une besace,
Dormi dans l'ignorance, & croupi dans la crasse?
Sois sauvé, j'y consens; mais l'immortel Newton,
Mais le sçavant Leibnitz & le sage Adisson,
Et ce Locke, en un mot, dont la main courageuse,
A de l'Esprit humain marqué la borne heureuse,
Ces Esprits qui sembloient de Dieu même éclai-
  rés,

Dans des feux éternels seront-ils dévorés ?
Porte un arrêt plus doux, prens un ton plus modeste,
Ami, ne préviens point le jugement céleste,
Respecte ces mortels, reconnois leur vertu ;
Ils ne t'ont point damné, pourquoi les damne-tu ?
A la Religion directement fidéle,
Sois doux, compâtissant, sage, indulgent comme elle ;
Et sans noyer autrui, tâche à gagner le port :
Qui pardonne a raison, & la colere a tort.
Dans nos jours passagers de peines & de miseres,
Enfans du même Dieu, vivons au moins en freres,
Aidons-nous l'un & l'autre à porter nos fardeaux ;
Nous marchons tous courbés sous le poids de nos maux ;
Mille ennemis cruels affligent notre vie,
Toujours par nous maudite, & toujours si chérie :
Notre cœur égaré, sans guide & sans appui,
Est brûlé de desirs, ou glacé par l'ennui ;
Nul de nous n'a vécu sans connoître les larmes.
De la Société les secourables charmes,
Consolent nos douleurs au moins quelques instans :
Remede encore trop faible à des maux si constans.

Ah ! n'empoisonnons pas la douceur qui nous reste !
Je crois voir des Forçats dans un cachot funeste,
Se pouvant secourir, l'un sur l'autre acharnés,
Combattre avec les fers dont ils sont enchaînés.

QUATRIÈME PARTIE.

C'est au Gouvernement à calmer les malheureuses disputes qui troublent la Société.

OUI, je l'entends souvent de votre bouche auguste,
Le premier des devoirs, grand Prince, est d'être juste ;
Et le premier des biens est la paix de nos cœurs.
Comment avez-vous pû parmi tant de Docteurs,
Parmi ces différends que la dispute enfante,
Maintenir dans l'Etat une paix si constante ?
D'où vient que les enfans de Calvin, de Luther,
Qu'on voit de-là les Monts bâtards de Lucifer,
Le Grec, le Romain, l'empesé Quiétiste,
Le Quakre au grand chapeau, le simple Anabaptiste,
Qui jamais dans leur Loi n'ont pû se réunir,

Sont tous sans disputer, d'accord pour vous bénir?
C'est que vous êtes sage, & que vous êtes maître.
Si le dernier Valois, hélas! avoit sçu l'être,
Jamais un Jacobin, guidé par son Prieur,
De Judith & d'Aod fervent imitateur,
N'eût tenté dans S. Cloud sa funeste entreprise :
Mais Valois aiguisa le poignard de l'Eglise ;
Ce poignard qui bientôt égorgea dans Paris,
Aux yeux de ses Sujets, le plus grand des Henris.
Voilà le fruit affreux des pieuses querelles :
Toutes les factions à la fin sont cruelles ;
Pour peu qu'on les soutienne, on les voit tout oser ;
Pour les anéantir, il les faut mépriser.
Qui conduit des Soldats peut gouverner des Prêtres.
Louis dont la grandeur éclipsa ses ancêtres,
Crut pourtant sur la foi d'un Confesseur Normand,
Jansénius à craindre, & Quesnel important ;
Du sceau de sa grandeur il chargea leurs sottises,
De la dispute alors cent cabales éprises,
Cent bavards en fourure, Avocats, Bacheliers,
Colporteurs, Capucins, Jésuites, Cordeliers,
Troublerent tout l'Etat par leurs doctes scrupules ;

Le Régent plus senfé les rendit ridicules :
En la poussiere alors on les vit tous rentrer,
L'œil du maître suffit, il peut tout opérer.
L'heureux cultivateur des préfens de Pomone,
Des filles du Printems, des préfens de l'Automne,
Maître de son terrein, ménage aux arbrisseaux
Les secours du Soleil, de la terre & des eaux :
Par de légers appuis soutient leurs bras débiles,
Arrache impunément les plantes inutiles ;
Et des arbres touffus dans son clos renfermés,
Emonde les rameaux de la féve affamés :
Son docile terrein répond à sa culture,
Ministre industrieux des loix de la Nature,
Il n'est pas traversé dans ses heureux desseins ;
Un arbre qu'avec soin il plante de ses mains
Né prétend pas le droit de se rendre stérile,
Et du sol épuisé tirant un suc utile,
Ne va pas refuser à son maître affligé
Une part de ses fruits dont il est trop chargé.
Son voisin Jardinier n'eut jamais la puissance
De préparer des Cieux la maligne influence,
De maudire les fruits pendans aux espaliers,
Et de sécher d'un mot ses vignes, ses figuiers.
Malheur aux Nations dont les loix opposées
Embrouillent de l'Etat les rênes déréglées.
Le Sénat des Romains, ce Conseil de Vain-
  queurs,

Préfidoit aux Autels, & gouvernoit les mœurs,
Reftraignoit fagement le nombre des Veftales,
D'un peuple extravagant régloit les baccanales :
Marc Aurelle & Trajan mêloient aux champs
    de Mars
Le bonnet de Pontife au bandeau des Céfars :
L'Univers repofant fur leur heureux génie,
Des Guerriers de l'Eglife ignora la manie ;
Les Grecs & les Romains d'un faint zéle enivrés,
Ne combattirent pas pour des poulets facrés.
Je ne demande pas que dans fa Capitale,
Un Roi portant en main la Croffe Epifcopale,
Au fortir du Confeil, allant en miffion,
Donne au peuple contrit fa bénédiction !
Toute Eglife a fes loix, tout peuple a fon ufage ;
Mais je prétends qu'un Roi, que fon devoir
    engage
A maintenir la paix, l'ordre, la fûreté,
A fur tous fes Sujets égale autorité ;
Ils font tous fes enfans : cette famille immenfe,
Dans fes foins paternels a mis fa confiance.
Le Marchand, l'Ouvrier, le Prêtre & le Soldat,
Sont tous également les membres de l'Etat.
De la Religion l'appareil néceffaire,
Confond aux yeux de Dieu le Grand & le Vul-
    gaire ;

Et les civiles Loix, par un autre lien,
Ont confondu le Prêtre avec le Citoyen.
La Loi dans tout état doit être universelle ;
Les mortels, tels qu'ils soient, sont égaux devant elle.
Je n'en dirai pas plus sur ces points délicats,
Le Ciel ne m'a point fait pour régir les Etats,
Pour conseiller les Rois, pour enseigner les Sages ;
Mais du port où je suis, contemplant les orages,
Dans cette heureuse paix où je finis mes jours,
Eclairé par vous-même, & plein de vos discours,
De vos nobles leçons salutaire interpréte,
Mon esprit suit le vôtre, & ma voix vous répéte :
Que conclurre à la fin de tous mes longs propos ?
C'est que les préjugés sont la raison des sots ;
Il ne faut pas pour eux se déclarer la guerre :
Le vrai nous vient du Ciel, l'erreur vient de la terre ;
Et parmi les chardons qu'on ne peut arracher,
Dans des sentiers secrets, le sage doit marcher ;
La paix enfin, la paix que l'on trouve & qu'on aime,
Est encor préférable à la vérité même.

PRIERE.

O Dieu ! qu'on méconnoît, ô Dieu ! que tout annonce,
Entends les derniers mots que ma bouche prononce ;
Si je me suis trompé, c'est en cherchant ta loi ;
Mon cœur peut s'égarer, mais il est plein de toi.
Je vois sans m'allarmer l'éternité paraître,
Et je ne puis penser qu'un Dieu qui me fit naître,
Qu'un Dieu qui sur mes jours versa tant de bienfaits,
Quand mes jours sont éteints, me tourmente à jamais.

FIN.

POËME
SUR LA DESTRUCTION DE LISBONNE,
OU
EXAMEN DE CET AXIOME:
TOUT EST BIEN.

O Malheureux mortels! ô terre déplorable!
O de tous les malheurs assemblage effroyable!
D'inutiles douleurs éternel entretien!
Philosophes trompés, qui criez *Tout est bien*,
Accourez, contemplez ces ruines affreuses,
Ces débris, ces lambeaux, ces cendres malheureuses,
Ces femmes, ces enfans l'un sur l'autre entassés,
Sous ces marbres rompus, ces membres dispersés,
Cent mille infortunés que la terre dévore;

Qui sanglans, déchirés, & palpitans encore,
Enterrés sous leurs toits, terminent sans secours,
Dans l'horreur des tourmens, leurs lamentables jours.
Aux cris demi formés de leurs voix expirantes,
Au spectacle effrayant de leurs cendres fumantes,
Direz vous, ce sont là les salutaires loix
D'un Etre bienfaisant qui fit tout par son choix?
Direz-vous, en voyant cet amas de victimes,
Dieu s'est vangé; leur mort est le prix de leurs crimes?
Quel crime, quelle faute ont commis ces enfans
Sur le sein maternel écrasés & sanglans?
Lisbonne qui n'est plus, eut-elle plus de vices
Que Londres, que Paris plongés dans les délices?
Lisbonne est abimée, & l'on danse à Paris.
Tranquilles raisonneurs, intrépides Esprits,
Si sur vous vôtre Ville eût été renversée,
On vous entendroit dire, en changeant de pensée,
En pleurant vos enfans, & vos femmes & vous,

Le bien fut pour Dieu seul, & le mal fut pour nous.
Quand la terre où je suis porte sur des abimes,
Ma plainte est innocente, & mes cris légitimes.
Je suis environné des cruautés du sort,
Des fureurs des méchans, des piéges de la mort ;
De tous les Elémens j'éprouve les atteintes,
Compagnons de mes maux, permettez-moi les plaintes ;
C'est l'orgueil, dites-vous, l'orgueil séditieux
Qui prétend qu'étant mal, je pourrois être mieux :
Allez, interrogez les rivages du Tage,
Fouillez dans les débris de ce sanglant ravage,
Demandez aux mourans, dans ce séjour d'effroi,
Si c'est l'orgueil qui crie, ô Dieu ! secourez-moi !
O Ciel, ayez pitié de l'humaine misere ?
Tout est bien, dites-vous, & tout est nécessaire.
Quoi ! l'Univers entier, sans ce gouffre infernal,
Sans engloutir Lisbonne eût il été plus mal ?

A 2

Etes-vous assuré que la Cause éternelle,
Qui fait & qui sçait tout, qui créa tout pour elle,
Ne pouvoit nous jetter dans ces tristes climats,
Sans former des volcans allumés sous nos pas ?
Je desire humblement, sans offenser mon Maître,
Que ce gouffre enflammé de soufre & de salpêtre,
Eût pu s'être formé dans le fond des deserts.
Je respecte mon Dieu, mais j'aime l'Univers :
Quand l'Homme ose gémir d'un fléau si terrible,
Il n'est point orgueilleux, hélas ! il est sensible.
Qu'on ne présente plus à mon cœur agité,
Les immuables loix de la nécessité ;
Cette chaîne des corps, des esprits & des mondes,
O rêves des Sçavans ! ô chimeres profondes !
Si l'éternelle Loi qui meut les élemens,
Fait tomber les rochers sous les efforts des vents,
Si les chênes touffus par la foudre s'embrâsent,
Ils ne ressentent point les coups qui les écrasent ;

Mais je vis, mais je sens, mais mon cœur opprimé,
Demande le bien être au Dieu qui l'a formé :
Des sens qu'il me donna je cherche un libre usage,
D'où vient donc que l'Auteur déchire son ouvrage ?
Le vase, on le sçait bien, ne dit point au Potier,
Pourquoi suis-je si vil, si faible, si grossier ?
Il n'a point la parole, il n'a point la pensée ;
Cette urne en se formant qui tombe fracassée,
De la main du Potier ne reçut point un cœur,
Qui desirât les biens, & sentit son malheur.
Ce malheur, dites-vous, est le bien d'un autre être,
De mon corps tout sanglant mille insectes vont naître.
Quand la mort met le comble aux maux que j'ai soufferts,
Le beau soulagement d'être mangé des vers !
Tristes calculateurs des miseres humaines,
Ne me consolez point, vous aiguisez mes peines,
Et je ne vois en vous que l'effort impuissant
D'un fier infortuné qui feint d'être content.

Je ne suis d'un grand tout qu'une faible partie;
Oui, mais les Animaux condamnés à la vie,
Tous les Etres sentans, nés sous la même loi,
Vivent dans la douleur, & meurent comme moi.
Le Vautour acharné sur sa timide proie,
De ses membres sanglans se repait avec joie ;
Tout semble bien pour lui : mais bientôt à son tour,
Un Aigle au bec tranchant dévore le Vautour :
L'Homme d'un plomb mortel atteint cette Aigle altiere ;
Et l'Homme au champ de Mars, couché sur la poussiere,
Sanglant, percé de coups, sur un tas de mourans,
Sert d'alimens affreux aux Oiseaux dévorans.
Ainsi du Monde entier tous les membres gémissent,
Nés tous pour les tourmens, l'un par l'autre ils périssent :
Et vous composerez, dans le cahos fatal,
Des malheurs de chaque Etre un bonheur général ?
Quel bonheur ! ô mortel, & faible, & misérable,

Vous criez : *Tout est bien*, d'une voix lamentable :
L'Univers vous dément, & votre propre cœur
Cent fois de votre esprit a réfuté l'erreur.
Elémens, Animaux, Humains, tout est en guerre ;
Il le faut avouer, le mal est sur la Terre ;
Son principe secret ne nous est point connu.
D'un Etre bienfaisant le mal est-il venu ?
Est-ce le noir Typhon, le barbare Arimane,
Dont la loi tyrannique à souffrir nous condamne ?
Mon esprit n'admet point ces monstres odieux,
Dont le monde en tremblant fit autrefois des Dieux.
Mais comment concevoir un Dieu, la bonté même,
Un Dieu qui nous forma, qui nous chérit, qu'on aime,
Et qui brise à son gré l'ouvrage de ses mains ?
O qui pourra fixer nos esprits incertains !
Mon œil épouvanté, sonde en vain ces abîmes;
Je vois autour de moi des malheurs & des crimes.
Je me tourne vers vous, célestes vérités,
Les ténèbres du monde offusquent vos clartés.

Un Dieu vint confoler notre race affligée,
Il vifita la terre, & ne l'a point changée *:
Un Sophifte arrogant vous dit qu'il ne l'a pû;
Il le pouvoit, dit l'autre, & ne l'a point voulu:
Il le voudra, fans doute; & tandis qu'on rai-
 fonne,
Des foudres fouterrains engloutiffent Lif-
 bonne;
Et de trente Cités difperfant les débris,
Des bords fanglans du Tage à la Mer de
 Cadiz.
Ou l'Homme eft né coupable, & Dieu punit
 la race,
Ou ce Maître abfolu de l'être & de l'efpace,
Sans courroux, fans pitié, tranquille, in-
 différent,
De fes premiers décrets fuit l'éternel torrent;
Ou la matiere informe à fon Maître rebelle,
Porte en foi fes défauts néceffaires comme
 elle;
Ou bien Dieu nous éprouve, & le féjour
 mortel

---

* Un Philofophe Anglois a prétendu que le Monde
phyfique avoit dû être changé au premier avénement,
comme le Monde moral.

N'est qu'un passage étroit vers un monde éternel.
Nous essuyons ici des douleurs passageres,
Le trépas est un bien qui finit nos miseres ;
Mais quand nous sortirons de ce passage affreux,
Qui de nous prétendra mériter d'être heureux ?
Quelque parti qu'on prenne, on doit finir sans doute ;
Il n'est rien qu'on connoisse, & rien qu'on ne redoute ;
La Nature est muette, on l'interroge en vain,
On a besoin d'un Dieu qui parle au genre humain,
Il n'appartient qu'à lui d'expliquer son ouvrage,
De consoler le faible, & d'éclairer le sage :
L'Homme au doute, à l'erreur abandonné sans lui,
Cherche en vain des roseaux qui lui servent d'appui.
Leibnitz * ne m'apprend point par quels nœuds invisibles,

---

* Voilà le nœud & l'objet de l'ouvrage ; la révélation seule peut nous éclairer.

Dans le mieux ordonné des Univers possibles,
Un désordre éternel, un cahos de malheurs,
Mêle à nos vains plaisirs de réelles douleurs ;
Ni pourquoi l'innocent, ainsi que le coupable,
Subit également le mal inévitable :
Je ne conçois pas plus comment *tout seroit bien* :
Je suis comme un Docteur, hélas ! je ne sçais rien.
Platon dit qu'autrefois l'Homme avoit eu des ailes,
Un corps impénétrable aux atteintes mortelles ;
La douleur, le trépas n'approchoient point de lui :
De cet état brillant, qu'il diffère aujourd'hui !
Il rampe, il souffre, il meurt, tout ce qui naît expire,
De la destruction la Nature est l'empire :
Un faible composé de nerfs & d'ossemens
Ne peut être insensible au choc des Elémens ;
Ce mêlange de sang, de liqueurs & de poudre,
Puisqu'il fut assemblé, fut fait pour se dissoudre ;
Et le sentiment prompt & les nerfs délicats,

Fut soumis aux douleurs, Ministres du trépas.
C'est là ce que m'apprend la voix de la Nature :
J'abandonne Platon, je rejette Epicure :
* Bayle en sçait plus qu'eux tous, je vais le consulter :
La balance à la main, Bayle enseigne à douter :
Assez sage, assez grand pour être sans système,
Il les a tous détruits, & se combat lui-même.
L'Homme étranger à soi, de l'Homme est ignoré :
Qui suis-je? où suis-je? où vais-je? & d'où suis-je tiré?
Atômes tourmentés sur un amas de boue,
Que la mort engloutit, & dont le sort se joue ;
Mais atômes pensans, atômes dont les yeux
Guidés par la pensée, ont mesuré les Cieux :
Au sein de l'infini nous élançons notre être,
Sans pouvoir un instant nous voir & nous connoitre.

---

* Bayle a laissé cette grande question indécise.

Que faut-il, ô Mortels! Mortels il faut souffrir,
Se soumettre en silence, adorer & mourir.

F I N.

PROFESSION
DE FOI
PHILOSOPHIQUE.

A AMSTERDAM,
Chez MARC MICHEL REY.
Et se trouve à LYON,
Chez LES FRERES PERISSE.

1763.

www.ingramcontent.com/pod-product-compliance
Lightning Source LLC
Chambersburg PA
CBHW060706050426
42451CB00010B/1300